GIACOMO VIZZINI

NEL PROPRIO BUIO

Titolo | Nel buio
Autore | Giacomo Vizzini
ISBN | 978-88-27860-60-1

Youcanprint Self-Publishing
Via Marco Biagi 6 - 73100 Lecce
www.youcanprint.it
info@youcanprint.it

Ringrazio Maria Attanasio per avermi sostenuto e
seguito in questo mio percorso poetico con i suoi
preziosi suggerimenti.

IL BUIO DELLA SOFFERENZA E LA LUCE DELLA PAROLA

Fiori e frutti e felici suoni/ e l'amore benché fuggitivo./ Tutto ciò non potrà essere mio./ Ma la parola ti prego non negarmela" scrive Shelley nel *Prometeo liberato,* sottolineando il valore esistenzialmente costitutivo della parola –e nello specifico della parola poetica- la cui perdita è inesistenza, cancellazione, chiusura al mondo e agli altri; da qui il carattere di emergenza esistenziale che talvolta essa assume.

"Scrivo perché scrivendo dimentico me stesso, mi alieno. E anche per dare un messaggio agli altri", è stata infatti la risposta di Giacomo Vizzini alla mia specifica domanda sul perché scrivesse.

Da un lato, dunque, la dimenticanza, l'alienazione da sé: per trovare nella poesia quiete al *male oscuro* che un giorno ha incontrato, e che non l'ha più abbandonato, ma a cui strenuamente resiste opponendo al buio della sofferenza la luce salvifica della parola poetica. Ma nel contempo anche il bisogno di arrivare all'altro, toccarne l'anima, affidandogli, pur in mezzo alle tempeste della sua vita, il messaggio di una visione di bellezza: la rasserenante contemplazione delle forme plurali e affascinanti dell'esistente, *"Uomini , farfalle./*

Fiori, fiumi in piena/ tutti diversi tra loro,/ ma in equilibrio."

Buio e luce, traboccanza e privazione, sono infatti per Giacomo Vizzini elementi inscindibili di una dicotomia non solo esistenziale, ma anche espressiva, che non si placa in un'univoca dimensione linguistica, pervenendo, nella sue due raccolte, a opposti esiti di scrittura.

Una stupefacente dovizia di immagini, ma anche di note, commenti, chiose –per fornire una chiave interpretativa della sua densa metaforicità- caratterizza la sua prima silloge, *'Arte del paradosso'*, la cui decifrazione resta estremamente ardua per il lettore. Prima di esplicitarsi in pagina scritta, farsi testo, l'originaria tensione espressiva -insieme metafora e concetto- sembra attraversare un labirintico percorso interiore: una sorta di cammino iniziatico in un personale sistema di simboli e riferimenti sapienziali -dalla mistica, alla filosofia, alla poesia- dentro cui però il messaggio spesso s'occulta e s'inabissa.

Un via del tutto opposta -che tende invece all'essenzialità e alla riduzione al minimo del linguaggio- è quella di questa seconda raccolta, *Nel proprio buio*, la cui scrittura condivide l'essenzialità testuale e la pulsante latenza di segni e sensi dell'haiku, senza adottarne strettamente la veste metrica; in essa la metafora continua a conservare la sua centralità, ma è la dialettica tra detto e non detto, tra parola e silenzio, ad assumere un'assoluta pregnanza di rimandi e significati, mentre viene lasciato al lettore il compito di colmare, con le sue emozioni e i suoi saperi, lo scarto testuale, il continuo differimento di senso. Ma, essenziale o traboccante, il dire poetico di Giacomo Vizzini resta sempre allusivo e misterioso.

Nel proprio buio è costituito infatti da un insieme di composizioni poetiche –versi, aforismi- di una brevità che a volte può apparire sconcertante; oltre a terzine e distici, sono presenti anche testi di un solo verso, talvolta di poche sillabe. O addirittura di una sola.

Come quello, ad esempio, che apre la raccolta: la parola *Dio*, preceduta da puntini di sospensione; preghiera, bestemmia, grido di disperazione, ma sempre vivificante presenza, a cui ci si può accostare solo attraverso la matematica mistica di *"chi non decide di fare i conti con i numeri della vita"*. Matrice di ogni esistente -*"di pargoletti nati infermi"*, e *"di alberi di melo in fiore"*- Dio è per l'autore anche il nucleo fondante di ogni vera esperienza di poesia; *"Dio trasmette la fune/ nel cavo caldo d'ogni poesia"*, scrive infatti in un bellissimo distico.

Solo la fede e la scrittura, per Giacomo Vizzini, possono sottrarre l'individuo al buio che talvolta lo

avvolge, lo chiude, lo blocca in una clausura senza scampo: *"Guardo la sera imprigionato/ dal cielo come la luna"*. Smemorante tregua è l'armonia del creato, *" Luce e buio/ in equilibrio*; una dimensione spiritualmente appagante, benché resti per il poeta sempre oltre, rispetto al suo tormentato vissuto, alla struggente scissione interiore tra apertura e nascondimento,
Perché, dice, c'è un titolo da scrivere sempre nella prima pagina del libro *"Il canto del dolore in un poeta è arte antica./ Il vate è autentico quando muove nel lettore le corde dell'armonia"*

MARIA ATTANASIO

I

NEL PROPRIO BUIO

*"Parola scagliata materia
tra l'origine e la notte"*
Yves Bonnefois

… Dio!

I cieli sono un punto.

… Il cerchio è un punto!

… L'infinito è il nulla!

Prosa e poesia roteano in sommità dalla fine verso
l'inizio.

Credo al potere dei cieli.
Anelli sovrapposti ad un orologio.

I viali camminano
con gli istanti del sole.

Guardo la sera imprigionato
dal cielo, come la luna.

L'alba sorge
dal cuore del tramonto.

Io le ho viste.
Alla cena di tanto miele
si riuniscono le mosche.

Si piange nella bufera.
Un giullare delle piazze,
una corsa da somaro.

(*da un Dio*)

Da un Dio
pargoletti nati infermi,
uccellini feriti,
alberi di melo in fiore
rigogliosi,
castighi e premi.

Neurologia accelerata
con geometria arcuata.
Squarci di dispotismo.

Lucifero, figlio
e servo di Dio.
Grande rivelazione.

I sentimenti:
fusciacca sopra
i pani.

(Due corazzate)
Per una corazzata che attacca
un'altra che contrattacca.
Così comanda Dio.

Giungla di pace.
Dio sempre più ricco.
I soldi fanno i veri poveri.

I pensieri sono veloci.
Neve che cade
sul sentiero assetato.

La vita:
luce e buio
in equilibrio.

Paesaggi fantasmagorici: matematica, filosofia,
comicità, fiabe.
Analoghi.

La matematica mistica
la scrive chi non decide di fare
i conti con i numeri della vita.

Laggiù, il mare arde
da troppo tempo ormai.
Qui, si vive in un altro mondo.

La mia felicità esplodeva
e le farfalle cantavano
nella loro breve vita.

Urrà, usignolo!
Nessuna paura …
immagina l'arrivo.

Chi vola sopra una stella oscura, non saprà riconoscerla
quando un giorno questa diventerà d'oro.

Sul trampolino.
Che strana grinta
la voce interiore!

(La fune)

Dio trasmette la fune
nel caldo cavo
d'ogni poesia.

Uno scheletro lucido e tondo
un fiore raccoglie per donarlo,
tra l'incessante silenzio del giardino
che muta in melodia.

Le castagne crescono,
avviso per gli scettici
che non amano il metafisico.

Anguille sopra il podio.
Politici ostentano potere.

Su per i sentieri erti
coperti di neve,
le capre smarrite.

Uomini, farfalle.
Fiori, fiumi in piena.
Tutti diversi tra loro,
ma in equilibrio.
La più grande rivelazione.

Guarda, sto in piedi
come un albero di Natale.
Qui, sono felice.

Sa attraversare l'orologio
e il sole, chi un tempo
non sapeva decifrare
i minuti della vita.

Occorre saper vedere nel proprio buio, quando Dio nel
nostro cammino
scatena tempeste.

*(da scrivere sempre nelle prime pagine
del libro)*

Il canto del dolore in un poeta è arte antica.
Il vate è autentico quando muove nel lettore
le corde dell'armonia.

II
da ARTE DEL PARADOSSO

*Non c'è metafora, paragone o epiteto che non possa attingere
dall'inesauribile fondo dell'analogia universale.*

Dove sono sempre stato

Lucida è per me la cera, non la scarpa;
voglio palpare deboli archi cocenti.

E se mi chiederanno dove andrò
dopo questa terra, eccentrico,
risponderò: "Dove sono sempre stato!".

Il cane

Sulla brace l'occhio del cane
dalla chiave ballerina
danza col sonno.

Per cartellino ha la città,
clandestino nelle notti intime.

Cartesiano avvelenato e velenoso,
ha diario nella velocità del duetto.

La sua eco sarà alla fermata,
con deserto di rughe,
temerà la cerniera.

Chiuso il cerchio, calerà le vele
E sarà vedovo di lunghezze.

Nella campagna

Il sole ha la coda,
il fragore è in squadra
e la luna, che ti chiude
e ti fa correre,
sulla tua ombra s'arriccia.

Non è mai tardi,
se ti concedi a te stessa!
Dietro la palizzata sta all'erta
la vipera.
L'aria stagno è solo dentro
la bottiglia e il solco breve
è sulle tue rughe.

Sparirono le stelle
per un fulmine che sostò

La libellula

C'è sempre un gufo quando la libellula
s'illumina con intermittenti voli,
germe e gesta del condottiero.
Ma l'eco serba la vaga orma, delusa,
e l'enorme vano vapore, che reclude
il sovrano silenzio, smuove i cedri.

Il tutto non può farmi ridondare
né farmi incassare sassi.
Non voglio che io libellula mi perda
dentro: il sentiero è semplice da trovare,
se non si ha la pretesa di cercarlo …
- Tange l'olezzo di un fiore tremendo,
che scinde la chioma dal fondo profondo,
ed è ancora follia dopo la morte.

Nella lunga notte

Nella lunga notte una luna di pietra,
sotto un mare di specchio,
l'occhio in *trance* lo ammira
al satellite dà riverbero.

Mi giunge un'onda, che mi desta,
è la voce del compagno:
- Lascia la tua croce
e vieni!

Dove c'è nebbia

Dove c'è nebbia
la torre di Babele
crolla,
i sentieri
sono chiusi.

Dove c'è nebbia
il lume della ragione
è un'isola barrata,
e il cuore è oasi
nell'infinito.

Per noi due

Tacere non so né rievocare.
Presto si consuma la parabola nel buio
Per noi due, e la sera fa da capoverso
Alla notte.
Il canto del gallo è la nostra preghiera
Per il domani.
Per noi folli è fortuna contare i pesci
e ritorcere la curva dell'onda
vuota.

Le mie scritture

Sempre in salita tra la salsa e il sale
per quelle cupole
più alte, più distanti che il cielo,
sempre in salita vi lascio
mie scritture, mie vaste linfe.

La macumba e la maglia malandrina,
il ciondolo ozioso e la padella che taglia
non osano orientarmi nel vapore di scartine
e nel vampiro che mostra la barba finta.

Voglio che le ombre impazziscano
che sorridano alla mia mano,
voglio che i codici pavoneggino
con la trama che vince la tramontana.

Non vi lascerò mai mie scritture in poltrona
Ma nel linguaggio della luce lassù,
dove il lucido monumento
si ha con la telegrafica tecnica,
e le cupole si avvicinano con la castagna
del Drago Sapiente.

Il mio cuore non rovinerà l'incanto
di un sogno fedele all'illusione.

La stella dei miseri

I prescelti vivono sulla sedia domenicale,
incisi nella domestica miseria,
eccellono sulla stella della sottana mistica.
La barba dei denari spezzati è seppellita
nella suora che diventa oceano.

Inviati agli alti allori, qui firmano
la figlia del sonno per imbarcarsi lassù,
nella barca fanatica.

Dai Giardini vecchi e dai Monti bianchi
piove da sempre neve pura per i prediletti,
da lassù cadrà una nuova stella dei miseri.

Il giglio

Con la pioggia ingabbiata dalla luna
dorme la colomba nel giglio.
Ha ancora il gusto incatenato nel grillo.

Gonfio e materno nel miope miracolo,
non vede il miraggio prima del morso,
dopo firmerà il morale franco.

Pellegrino dalla pelliccia dolce
diventerà prosa positiva
per il prossimo

Oltre il cielo

Luci insonni di insegne preziose
avranno il lago di acque mai toccate.

-Del cerchio e della penna
mi sceglievo il rifugio più bello
delle fiumane consustanziali nelle nebbie,
sorridevo con l'occhio che scaricava pace
alla furia sepolta nel gatto e nella volpe.

-Mi stillavano tra le vesti sere come alberi,
un tramonto pallido-lume
snodava gli astri aggrovigliati nel mio vuoto.

La mia notte

La luna si spoglia, il buio
si squarcia al boato
e la stella che corre
verso la fulminea notte
s'arriccia. Vieni presto
sorella, se mi vuoi aiutare!
La palma non ha mai mosso
il vento, il baleno è sui lampi,
ma tu puoi cingermi fino
allo spiro.

Nota

Alcuni testi presenti in questo libro di poesie sono apparsi nella silloge "Arte del paradosso" pubblicati da Youcanprint *Self-Publishing.*

Indice

Finito di stampare nel mese di Novembre 2018
per conto di Youcanprint *Self-Publishing*